Tina Schwichtenberg

Ravensburger®Hobbykurse

Tiere modellieren

Otto Maier Verlag
Ravensburg

Alle in diesem Buch veröffentlichten Abbildungen bzw. Modelle sind urheberrechtlich geschützt und dürfen nur mit ausdrücklicher Genehmigung des Verlages nach Rücksprache mit den Urhebern gewerblich genutzt oder ausgewertet werden.

CIP-Kurztitelaufnahme der Deutschen Bibliothek

Schwichtenberg, Tina:
Tiere modellieren /
Tina Schwichtenberg.
[Farbfotos: Norbert Weide]. –
Ravensburg: Maier, 1982.
  (Ravensburger Hobbykurse)
  ISBN 3-473-45651-9

Für Britta und Barby

© 1982 Otto Maier Verlag Ravensburg
Alle Rechte vorbehalten
s/w-Fotos: Tina Schwichtenberg
Farbfotos: Norbert Weide und Tina Schwichtenberg
Umschlagfoto: Norbert Weide
Satz: Bauer & Bökeler Filmsatz GmbH, Denkendorf
Gesamtherstellung: Himmer, Augsburg
Printed in Germany

4 3 2 1   85 84 83 82

ISBN 3-473-45651-9

Inhalt

Einführung

Wo erhältst Du Ton?

In Bastelgeschäften, Töpfereien und Versandhandel für Tonzubehör. Du kannst Tonmehle beziehen, die Du Dir selbst mit Wasser anrührst. Besser sind „Tonbrote", schon gebrauchsfertig in Folie verpackt (10 kg kosten etwa 10,– DM).
Die Tonfarbe ist nicht so wichtig. Ich nehme gerne einen dunkel brennenden Ton.
Dieses Buch ist in drei Kapitel gegliedert.
Der erste Teil mit leichten Arbeiten ist auch für Kinder geeignet. Du sollst Dich ans Material gewöhnen.
Im zweiten Teil lernst Du einige technische Schwierigkeiten kennen; Du brauchst hier etwas Geduld.
Im dritten Teil geht es ums freie Modellieren; Du lernst das Reduzieren der Formen auf das Wesentliche.

Wo erhältst Du Glasur?

Bei demselben Händler, der Dir auch den Ton verkauft, denn beide Substanzen müssen zusammenpassen (drei bis vier Farben genügen). Frage dort gleich nach der Brennhöhe und den Brennmöglichkeiten.
Glasurpulver mußt Du mit Wasser „sämig" rühren und mit dem Pinsel durch ein feines Sieb passieren. Ein paar Stunden stehenlassen, aufrühren und auftragen. Nie einen Pinsel in verschiedene Glasuren tauchen.
Wenn Du nicht mit Glasuren, die gebrannt werden müssen, arbeiten willst, dann kannst Du im Bastelgeschäft verschiedene Hochglanzlackfarben (für ungefähr 3,– DM pro Fläschchen) beziehen.

Wo wird gebrannt?

Arbeitsgeräte

In Töpfereien, Schulen und Freizeitcentren. Nur luftgetrockneten Ton in den Vorbrand geben. Der Vorbrand hat eine Brandhöhe von 800° – 900° C. Feuchte Teile platzen im Ofen und beschädigen andere Teile mit. Die Glasurbrandtemperatur liegt zwischen 1000° und 1200° C. Mach erst einen Probebrand mit Deinen Glasuren. Glasuren entwickeln ihre Farbigkeit erst beim Brennen.

Mit dem Pinsel die Tonteile mit Glasur belegen, erst die hellen, dann die dunklen Töne.

Die Standflächen mußt Du glasurfrei wischen.

Fast alle Arbeitsgeräte, die Du benutzt, findest Du in Deinem Haushalt: Zeitungspapier, Kuchenrolle, Messer, Gabel, Löffel, Bleistift, Holzlöffel, Teigschaber, einen kleinen Schraubenzieher, eine große Haarnadel, Draht . . .

Was ist Schlicker?

Luftgetrockneter Ton, kleingewalzt, in einem Napf mit Wasser zu einem Brei verrührt. Diesen Schlickerbrei brauchst Du zum Ansetzen („Anschlickern") von Tonteilen, wie z. B. Ohren oder Beine. Vorher muß die Ansatzstelle immer mit der Gabel aufgerauht werden, damit der Schlicker gut in den Ton einziehen kann. Verzichtest Du auf das Schlickern, können die Teile beim Brennen abfallen.

Woher kommen die kleinen Risse im Ton?

Du darfst den Ton beim Formen nicht zu lange in der Hand halten oder liegenlassen. Die Wärme läßt ihn an der Oberfläche abtrocknen, dabei zieht er sich zusammen und reißt.

Wenn Du in diesem Kurs Tierchen für Tierchen nacharbeitest, merkst Du, wie Du von Kapitel zu Kapitel immer eher in der Lage bist, auch schwierigere Formen zu meistern und die technischen Abläufe fachmännisch zu beherrschen.

Die Hohlform

Was ist eine Hohlform?

Eine Tonform, die innen hohl ist. Die gezeigte Tonkugel ist die Grundform für fast alle Tiere in diesem Buch. Ich schlage Dir im folgenden auch eine einfachere Ausgangsform vor, damit der Einstieg so leicht wie möglich ist.
Also: einen Klumpen Ton zur Kugel rollen.

Mit einem Stück Blumendraht zerschneidest Du die Kugel in zwei Hälften.

Zum Aushöhlen der beiden Kugelhälften brauchst Du einen Teelöffel. Es soll eine Wandung von ungefähr 1 cm stehenbleiben.

Mit der Gabel rauhst Du die Schnittkanten auf und bestreichst sie „satt" mit Schlicker. Die beiden ausgehöhlten, aufgerauhten und geschlickerten Hälften drückst Du vorsichtig zusammen.

Die Naht fügst Du zusammen wie einen Reißverschluß. Ungefähr 1 cm neben der Naht links und rechts abwechselnd mit dem Schraubenzieher den Ton zur Nahtstelle hin eindrücken. Mit dem Finger vorsichtig verstreichen, damit die Naht unsichtbar wird. Ein Löchlein in die Hohlform stechen, damit die Luft beim Brennen entweichen kann.

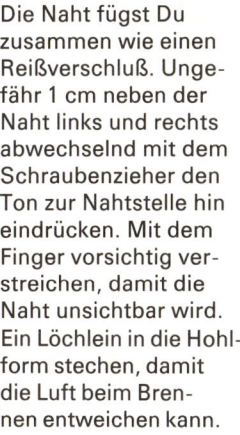

Mit einfachen Mitteln modellieren

Die Schnecke

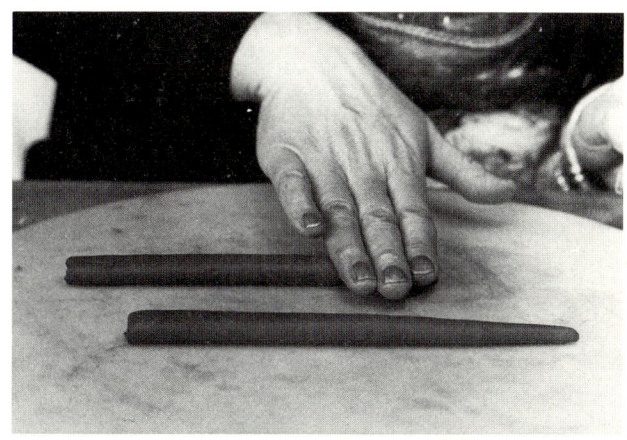

Eine kinderleichte
Arbeit für den Anfang.
Zwei Tonschlangen
(15 cm lang) fingerdick
ausrollen.
An einem Ende rollst Du
jede Tonschlange spitz
zu. Das wird das
Schwanzende.

Nun drückst Du jede
Tonschlange etwas
flach. So entsteht eine
gute Standfläche. Das
Schwanzende biegst
Du vorsichtig nur ein
wenig nach oben.
Das andere (stumpfe)
Ende soll steil nach
oben gerichtet sein
(Kopf).

Das steil nach oben
gerichtete Kopfende
glättest Du mit dem
Finger. Dann rollst Du
die Schneckenfühler an
einem Ende spitz zu
(ungefähr 1,5 cm lang).

Nun schlickerst Du die
Fühler an das Kopfende
und verstreichst den
Ansatz mit dem Finger.

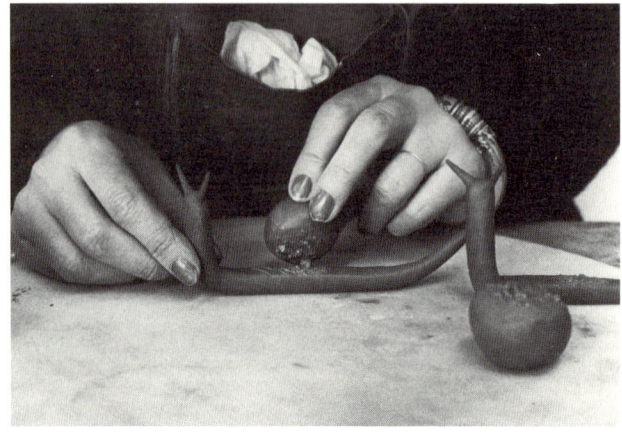

Zwei Tonbröckchen
rollst Du zu Kugeln und
schlickerst sie mit leichtem Druck auf je einem
Schneckenleib fest.
Das ist das Schnecken-
haus.

Mit einer großen Haar-
nadel stichst Du mehre-
re Löcher tief durch den
Schneckenleib in das
Schneckenhaus hinein.
So kann die Luft beim
Brennen entweichen,
und das Haus platzt
nicht.

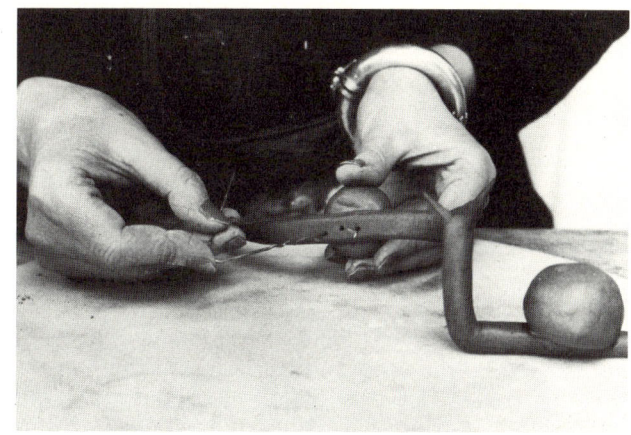

Augen und ein kleiner
Mund werden mit der
Haarnadel eingedrückt.
Du siehst: mit einfachen
Mitteln kann man viel
erreichen.

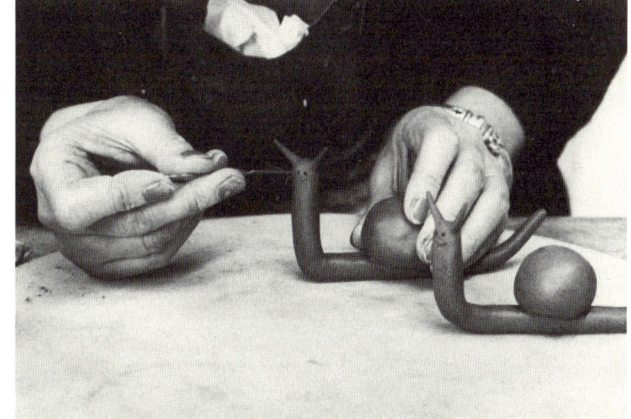

Mit einer Lippenstift-
hülse und Glasflaschen-
deckeln unterschied-
licher Größe habe ich
Ringe ins Schnecken-
häuschen gedrückt. Die
Schnecke ist fertig.
Nach dem Trocknen
und dem Vorbrand
kannst Du sie glasieren
(Vorschlag siehe Farb-
foto).

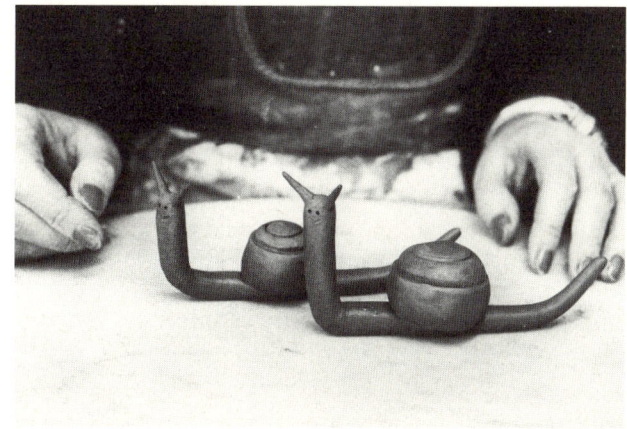

Eine Igelfamilie

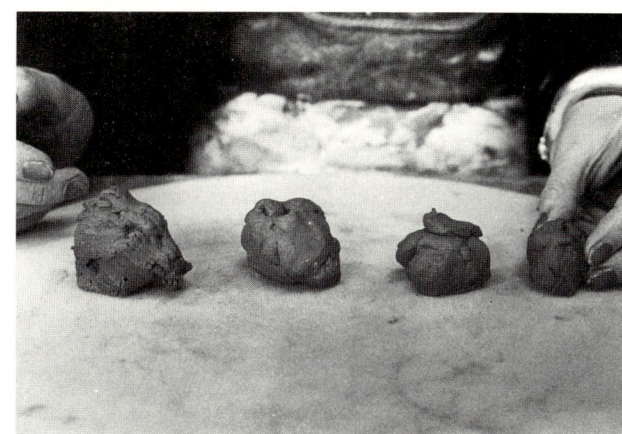

Eine ganze Igelfamilie
soll aus diesen vier Ton-
bröckchen entstehen.
Ohne Anschlickern und
aus der Kugel heraus-
modelliert, entsteht
eine ansprechende
Form.

Vier unterschiedliche
Kugeln für die Igel-
familie erhalten durch
einfaches Fallenlassen
von oben auf den Tisch
eine Standfläche.
Mit Daumen und Zeige-
finger drückst Du den
Ton seitlich zusammen
und formst so das
Schnäuzchen vor.

Das wiederholst Du,
indem Du die Finger
oben und unten ansetzt.
Dazu nimmst Du die
Kugel in die linke Hand.

Mit dem Zeigefinger
nachmodellieren und
verstreichen. Nun ist
das Schnäuzchen fast
fertig.

Mit einer dicken Haar-
nadel wird der Körper
gelöchert, damit der
Igel beim Brennen nicht
platzt.

Mit der Haarnadel
Nasenlöcher direkt in
die feine Nasenspitze
eindrücken.
Die Äuglein, etwas dar-
über, rechts und links
von der Nasenwurzel
einstechen.

Die Mundöffnung
zeichnest Du mit einem
kleinen Schrauben-
zieher ein.

Nun brauchst Du ein
wenig Geduld für die
Stacheln.
Mit der Haarnadel
stichst Du in Reihen
sorgfältig Löcher in den
Körper.
Die zweite Reihe wird
genau in die Lücken der
ersten Reihe gesetzt,
die dritte Reihe in die
Lücken der zweiten –
usw.

Die kleine Familie ist
fertig.
Du brauchst also nur
eine Handvoll Ton,
eine Haarnadel, einen
Schraubenzieher und
etwas Geduld.
Vielleicht versuchst Du
jetzt dasselbe mit der
Hohlform als Grund-
form?

Der Marienkäfer

Zwei kleine Tonbröck-
chen genügen für die
Körper. Roll Dir daraus
gleichmäßige Kugeln.
Natürlich kannst Du
auch eine Hohlform mo-
dellieren. Dann werden
die Marienkäfer größer.

Mit dem Handballen
drückst Du die Kugeln
etwas flach.

Damit die Körper beim
Brennen nicht platzen,
löcherst Du sie mit
einer dicken Haarnadel.

Die Abgrenzung für ein
Marienkäfergesicht
erreichst Du, indem Du
mit einem Rohr oder
Deckel eine Randung
eindrückst.

Mit einem Modellier-
hölzchen (im Bastel-
geschäft erhältlich)
oder einem stumpfen
Messer drückst Du eine
gerade Linie in den
Rücken ein.

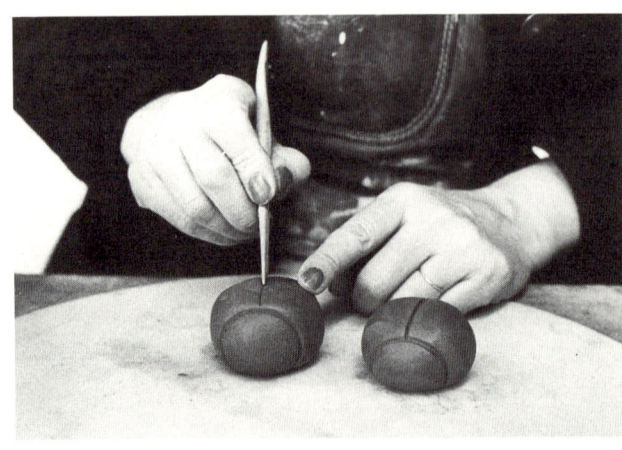

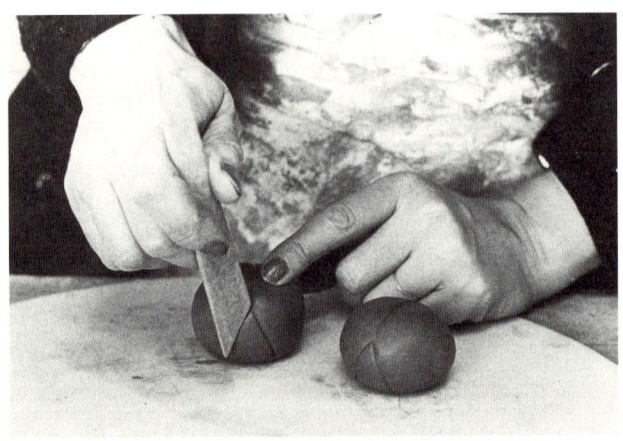

Diese Linie endet am
hinteren Teil des Käfers
in einem Dreieck.

Charakteristisch für den Marienkäfer sind natürlich die großen Punkte. Mit einem Holzlöffelstiel oder (je nach Größe) mit einer Kuchenrolle aus der Kinderküche werden rechts und links von der Mittellinie je acht Punkte eingedrückt.

Mit dem Bleistift drückst Du in das Gesicht zwei Augen, zwei Nasenlöcher und einen Mund.

Deine Marienkäfer sind fertig. Glasurvorschlag: Im Gesichtchen nur Augen, Nase und Mund glasieren. Den Körper erst mit einer hellen Glasur belegen. Später eine blaue Glasur darauf, die Vertiefungen der Punkte aber aussparen. So kommen sie voll zur Geltung.

Eulen

Hier möchte ich Dir
zeigen, wie Du für das
gleiche Tier zwei unter-
schiedliche Grundfor-
men verwenden kannst.
Die Wirkung ist erstaun-
lich. Die Kugel-Eule
wirkt gemütlich, wäh-
rend die Säulen-Eule
streng und männlich
aussieht.
Also, roll eine Kugel
und eine Säule (unge-
fähr 10 cm hoch) aus.

Mit Daumen und
Zeigefinger kneifst Du
Öhrchen ein, von vorn
nach hinten.

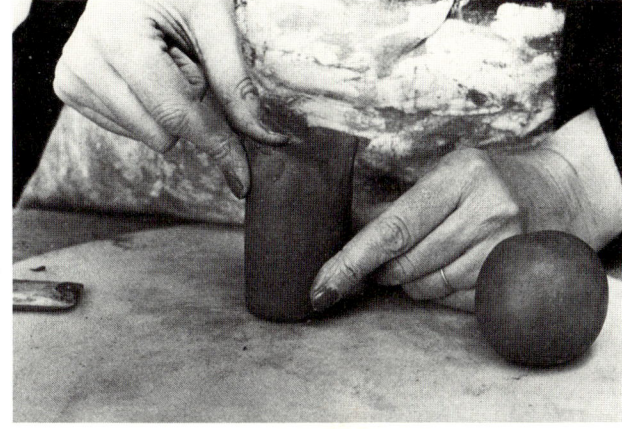

Damit sie spitz und
etwas länger werden,
dasselbe noch einmal
seitlich, mit leichtem
Druck von Daumen und
Zeigefinger.
Mit dem Finger schön
glätten.

Zwei kleine Tonkegel
formst Du für die
Schnäbel.

Typisch für die Eulen
sind ihre großen Augen.
Mit einem Rohr oder
Deckel drückst Du
Kreise ein.

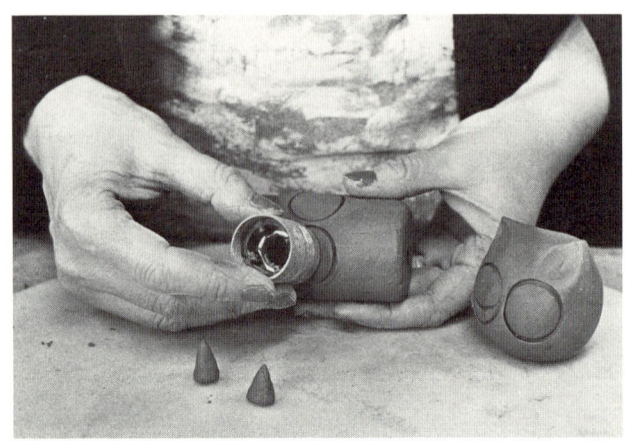

Ein Kreis wird zum
„Halbmond". So wirkt
das Auge halb
geschlossen.

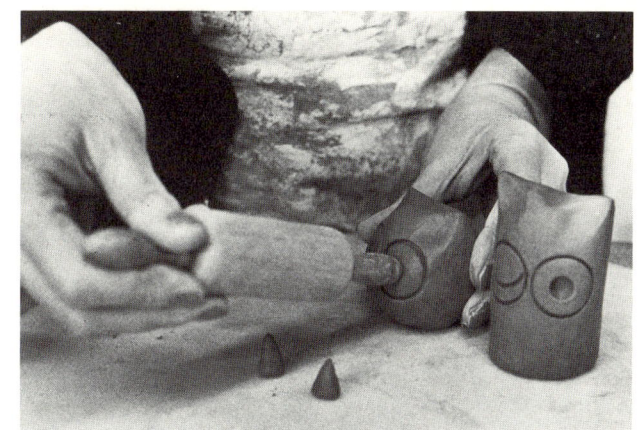

Das andere Auge erhält
eine Pupille direkt in
der Mitte.
Mit einer dicken Haar-
nadel die Eulen von
unten löchern.

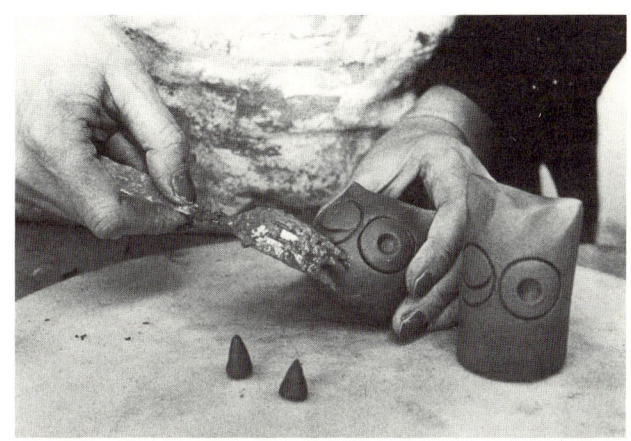

Den Schnabel mit
Schlicker unterhalb der
Augen unter leichtem
Druck ansetzen.

Sorgfältig verstreichen,
dabei den Schnabel
zum Ende hin spitz
formen und leicht
(hakenförmig) nach un-
ten biegen.
Das Eulenpärchen ist
fertig.
Beim Glasieren darauf
achten, daß die Augen
eine helle Glasur erhal-
ten. Wenn Du Lust hast,
größere Eulen zu
machen, versuche es
mit der Hohlform.

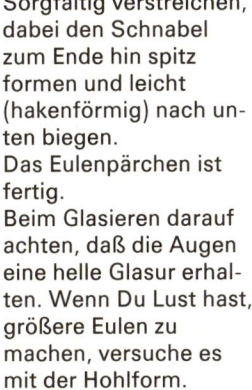

Blaue Flundern

Hier möchte ich Dir
Flundern vorstellen.
Wenn Du Lust und Mut
hast, versuch's doch
mal mit einer Hohlform
als Grundform, aus der
Du die Flundern ent-
wickelst.
Anderenfalls: Kugeln
herstellen und flach
drücken.

Eine kleine Rolle
brauchst Du für die
Rückenflosse, zwei klei-
nere, spitze Dreiecke
für die Seitenflossen
und ein größeres, läng-
liches, stumpfes
Dreieck als Schwanz-
flosse.

Alle Teile werden
angeschlickert (das
Aufrauhen vorher nie
vergessen), leicht
angedrückt und vorsich-
tig verstrichen.

Wenn Du weder Lust
noch Mut hattest, mit
der Hohlform zu
arbeiten, dann darfst
Du jetzt das Löchern
mit einer dicken Haar-
nadel nicht vergessen.

Mit einem Deckel oder
Rohr drückst Du, wie
beim Marienkäfer, die
Abgrenzung fürs
Gesicht ein.

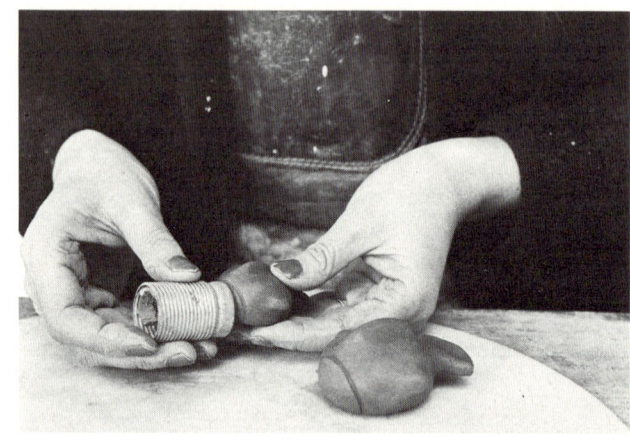

Mit dem Kugelschrei-
berknopf modellierst
Du die Augen.
Mit der Haarnadel
machst Du die Pupille.

Zwei winzig kleine
Kügelchen formen. Das
werden die Mäulchen.

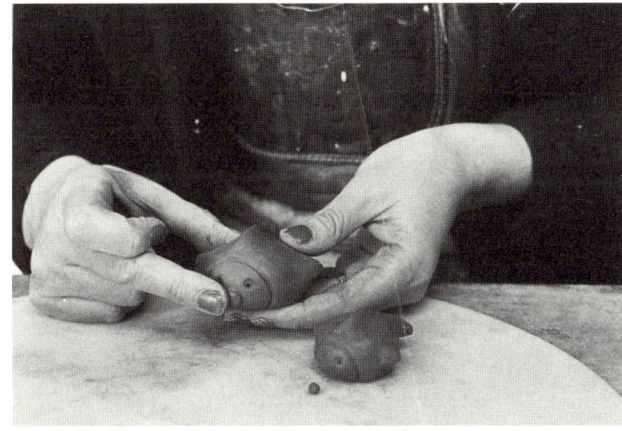

Mit leichtem Druck
(vorher geschlickert)
setzt Du die Kugel
direkt in die Mitte unterhalb der Augen. Dabei
verformt sich das
Kügelchen und wird
etwas flach. Richtig!

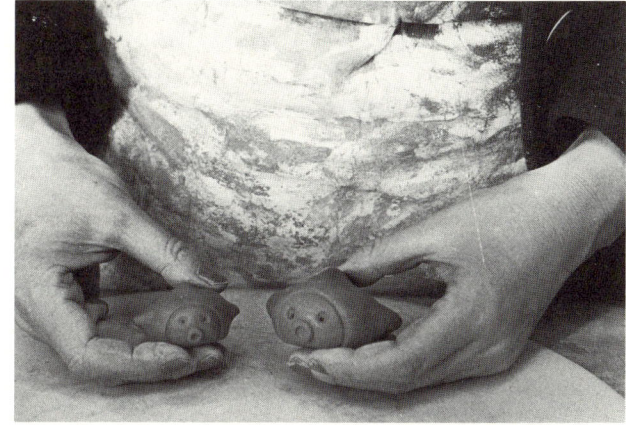

Mit dem Kugelschrei-
berknopf eine kleine
Vertiefung in die Mitte
des Mäulchens
drücken. Die Flundern
sind fertig.
Versuch dasselbe doch
mal mit einer Hohlform.

Die Maus

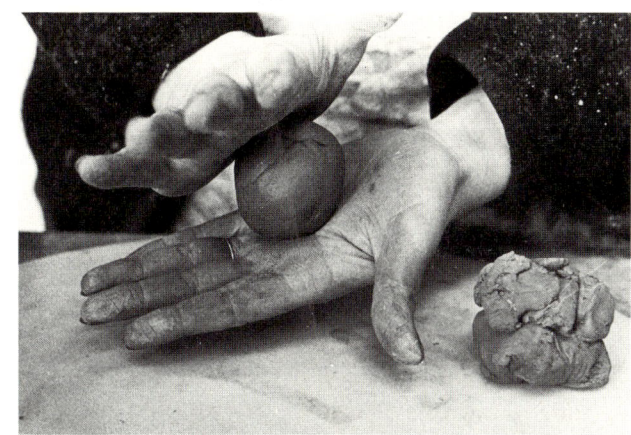

Zwei kleine Mäuse
brauchen Kugeln als
Körper.
Natürlich geht es auch
mit einer Hohlform.
Sie werden dann
bestimmt etwas größer
und noch lustiger.

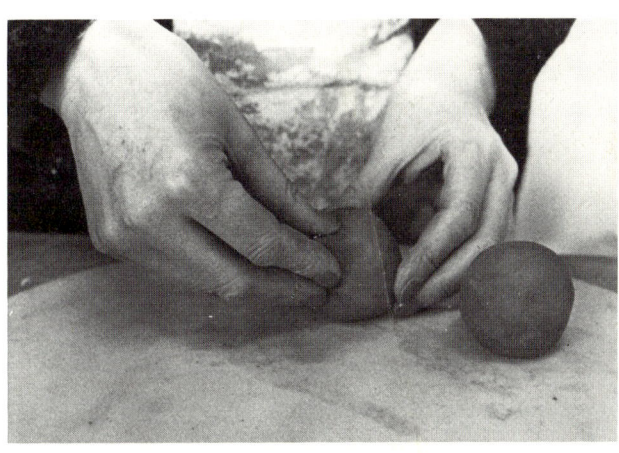

Laß die Kugeln von
oben auf die Tischplatte
fallen, damit sich eine
Standfläche bildet.
Mit der rechten Hand
formst Du die Kugel
spitz zu. Die Spitze soll
keß nach oben zeigen
(Löchern nicht
vergessen).

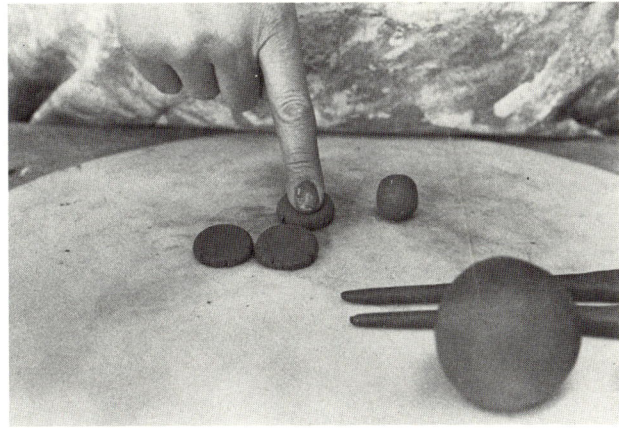

Zwei Würstchen, etwa
13 cm lang, dünn wie
der kleine Finger, wer-
den als Schwänze
spitz zugerollt.
Das stumpfe Ende
drückst Du etwas flach.
Kleine Kugeln für die
Ohren drückst Du mit
dem Zeigefinger schräg
und flach.

Seitlich, rechts und links der angespitzten Kugel, schlickerst Du die Ohren an und verstreichst die Ansatzstellen sorgfältig mit dem Finger. Auch die Ohrenränder nicht vergessen.

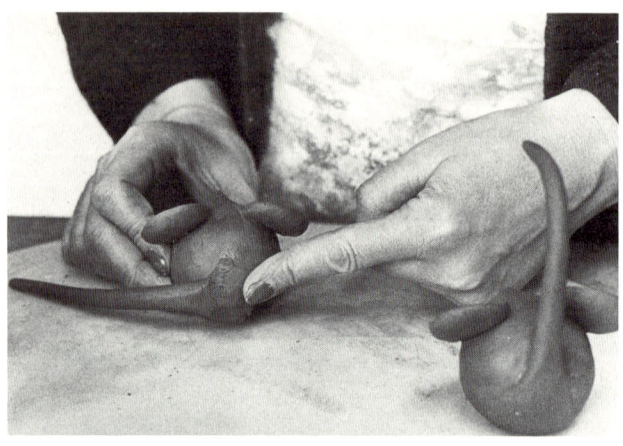

Hinten schlickerst Du das Schwänzchen an (Aufrauhen nicht vergessen), und zwar mit der flach gedrückten Stelle. Du setzt es gleich so an, wie es später aussehen soll: Ein Schwänzchen habe ich senkrecht angeschlickert und eines waagerecht (Verstreichen nicht vergessen).

Kleine Kügelchen für die Augen vorbereiten und etwa 1 cm von der Spitze entfernt rechts und links anschlickern.

Mit der großen Haar-
nadel kannst Du
Pupillen und Nasen-
löcher einstechen.
Die Schnurrbarthaare
zeichnest Du strahlen-
förmig rechts und links
von der Nasenspitze bis
fast zu den Ohren ein.

Eine kleine Mund-
öffnung wird mit dem
Schraubenzieher
eingedrückt.

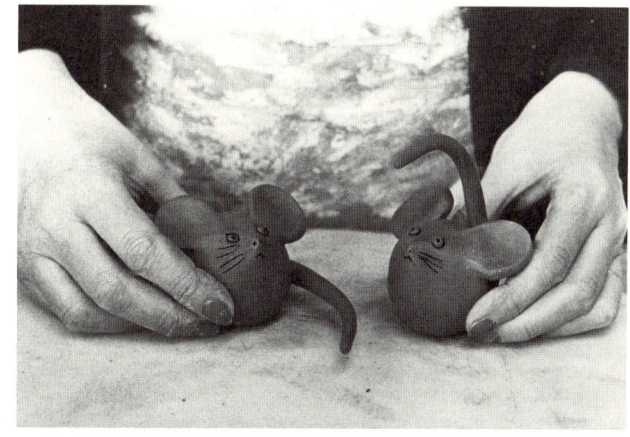

Die Mäuse sind fertig.
Ich habe meine Mäus-
chen unauffällig grau
glasiert und Augen,
Nase, Barthaare und
Schwanzspitze mit
Schwarz ein wenig
hervorgehoben.

Vögel

Für die beiden Spatzen brauchst Du zwei größere und zwei kleinere Kugeln. Du läßt diese auf die Tischplatte fallen, so entstehen bei den größeren Kugeln gute Standflächen und bei den kleineren flache Ansatzstellen zum späteren Schlickern.

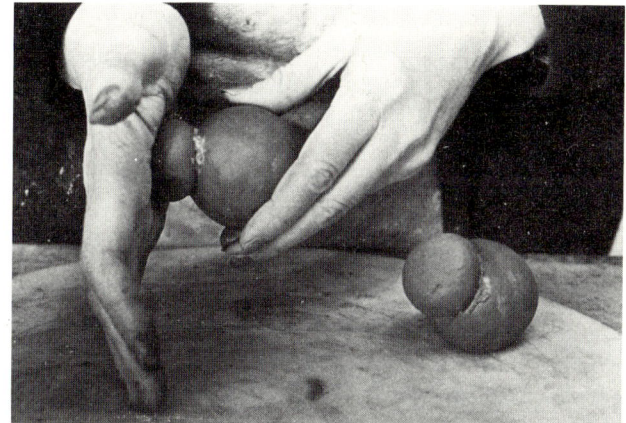

Die kleineren Kugeln schlickerst Du vorn an die großen und verstreichst die Ansatzstellen mit dem Finger.

Mit einer dicken Haarnadel löcherst Du den Vogelkörper tief bis in die kleine Kugel hinein.

Zwei kleine Tonkegel,
etwa 1 cm hoch, wer-
den zu Schnäbeln.
Roll ein wenig Ton
(etwa ½ cm stark) aus
und schneide daraus
vier gleichschenkelige
Dreiecke für die Flügel,
etwa 1 cm groß.
Zwei Streifen, etwa
5 cm lang, unten etwa
1 cm und oben etwa
3 cm breit, brauchst Du
für die Schwänze.

Schlickere den Schwanz
hinten an den Vogelkör-
per (Aufrauhen vorher
nicht vergessen).
Die Ansatzstelle nach
unten gut verstreichen
und das Schwanzende
leicht nach hinten
biegen.

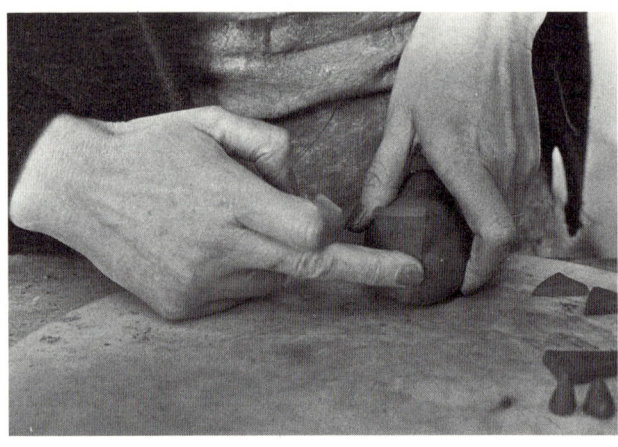

Seitlich rechts und links
werden die kleinen
Dreiecke als Flügel an-
geschlickert. Die Spitze
des Dreiecks zeigt nach
hinten zum Schwanz.
Die Ansatzstelle nur
nach vorn hin ver-
streichen.
Die Spitze kannst Du
ein wenig abbiegen, so
wirkt der Flügel
plastischer.

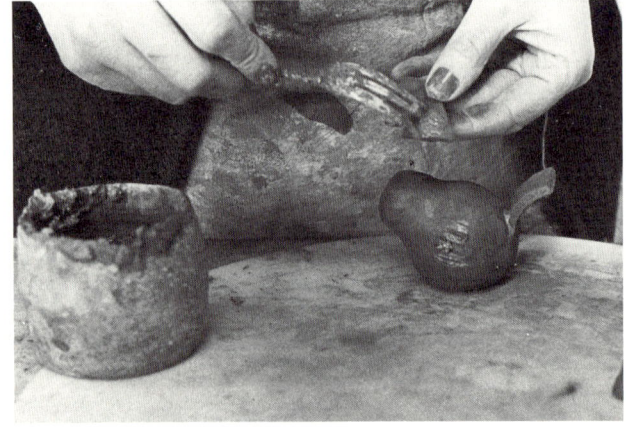

Den kleinen Kegel
schlickerst Du an die
Spitze des Kopfes
(Verstreichen nicht ver-
gessen). Das wird der
Schnabel.

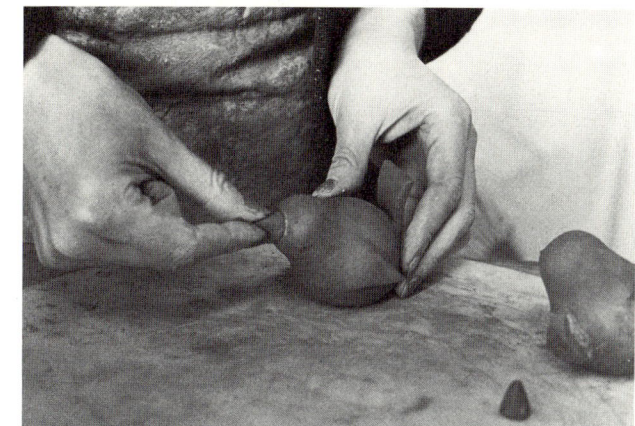

Mit einem Messer
schneidest Du waage-
recht einen Schlitz in
den Schnabel und
biegst die Spitzen ein
wenig auseinander.
Mit der Bleistiftspitze
modellierst Du noch
zwei Augen rechts und
links neben die Schna-
belwurzel.

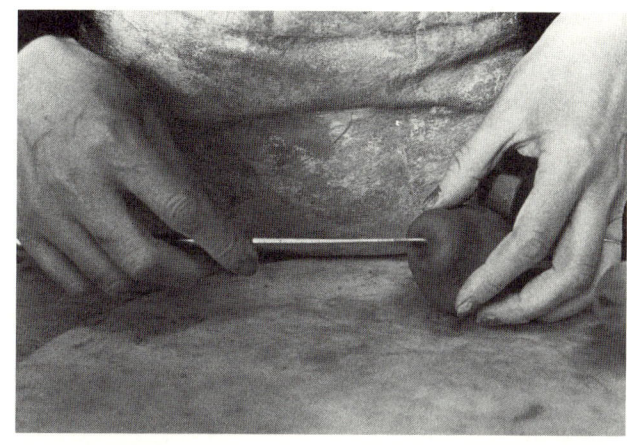

Die Spatzen sind fertig.
Den Körper habe ich
hell glasiert und nur
einige Stellen mit
dunkler Glasur hervor-
gehoben:
Hinterkopf, Flügel,
Schwanz, Augen und
Schnabel.

Der Hase

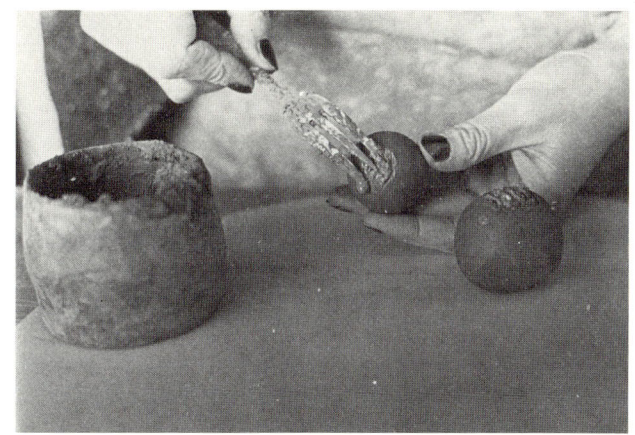

Zwei Kugeln, eine große und eine kleinere, schlickerst Du aufeinander (Aufrauhen vorher nicht vergessen). Diese Kugeln bilden Kopf und Körper der Häschen.

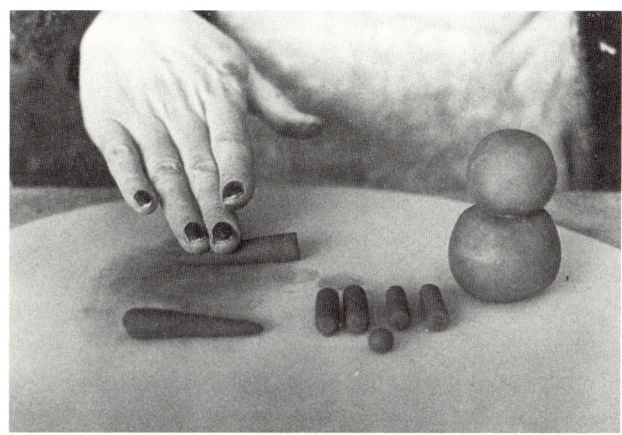

Nun bereitest Du die Teile vor, welche zum weiteren Modellieren notwendig sind: vier Rollen, wie Dein kleiner Finger so dick und etwa 2 cm lang, die für die Läufe bestimmt sind. Eine kleine Kugel wird zum Schwanz. Zwei längere Rollen (etwa 4 ½ cm) rollst Du an einem Ende spitz zu, und am anderen drückst Du sie etwas flach. Das werden die Löffel.

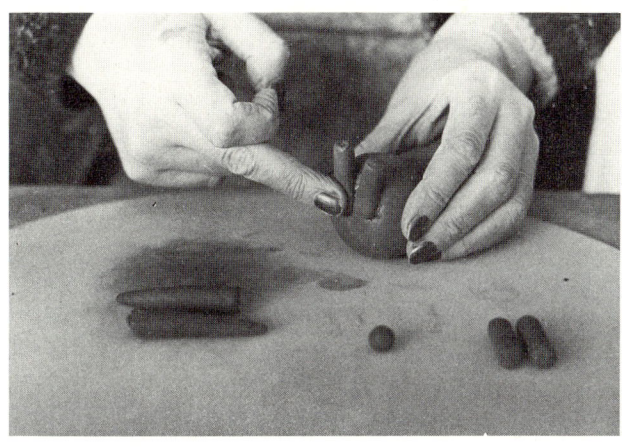

Unter den Hasenkörper schlickerst Du zwei Läufe an und verstreichst die Ansätze. Die Läufe schauen ein wenig schräg gestellt unter dem Körper hervor. Die Enden verstreichst Du etwas und drückst mit der Haarnadel Kerben hinein. Das sind die Pfötchen.

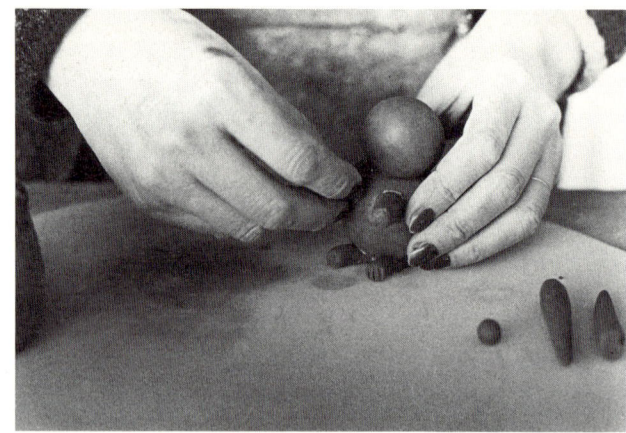

Zwei weitere Läufe
schlickerst Du vorne an
den Körper, verstreichst
die Enden gut und
drückst auch kleine
Kerben ein.
Mit der Haarnadel
löcherst Du den Körper
von unten bis weit in
den Kopf hinein.

Die kleine Kugel hinten
muß natürlich ange-
schlickert werden.
Leicht andrücken, dann
wird sie etwas flacher,
und der Schwanz ist
schon fertig.

Die beiden Löffel wer-
den mit dem flachen
Ende an den Kopf
geschlickert.
Du verstreichst sie so
sorgfältig, daß keine
Ansätze mehr zu sehen
sind.

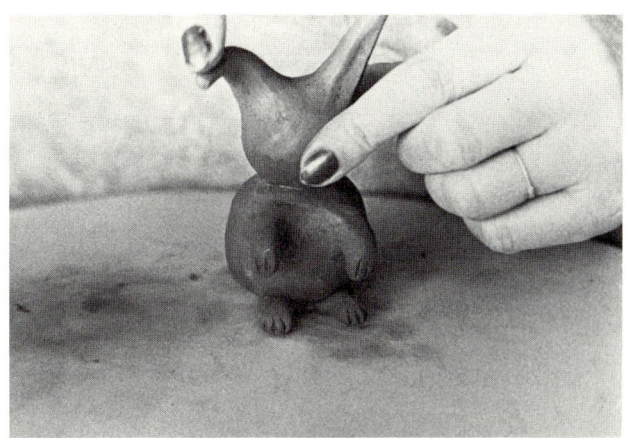

Mit dem Finger schabst
Du eine kleine Kerbe
vorn in die Löffel, so
wirken sie plastischer.
Einen Löffel kannst Du
vorsichtig mit dem
Finger nach unten
biegen.

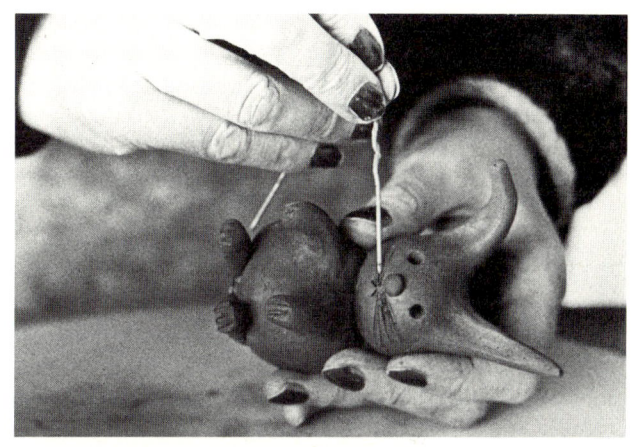

Die Bleistiftspitze
modelliert die Augen.
Das Näschen ist eine
ganz kleine ange-
schlickerte Kugel.
Die Schnurrbarthaare
zeichnest Du seitlich
mit der Haarnadel ein.

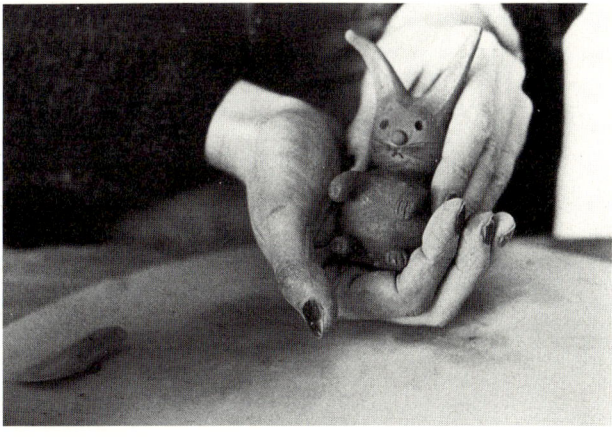

Das Häschen ist fertig.
Versuch doch mal nach
diesem Prinzip einen
laufenden oder einen
hockenden Hasen zu
machen.

Fische

Eine etwa 13 cm lange
Tonrolle mit einem
Durchmesser von 4 cm
wird zum Halbkreis
gebogen.

Das eine Ende ver-
streichst Du gut und
rundest es sorgfältig
ab. Das wird der Kopf.
Das Schwanzende
drückst Du mit dem
Handballen flach auf
den Tisch. Mit Zeigefin-
ger und Daumen kerbst
Du das flache Ende seit-
lich ein, so erhältst Du
eine Schwanzflosse.
Biegst Du eine Ecke
etwas hoch, so bringst
Du Bewegungen in die
Flosse.

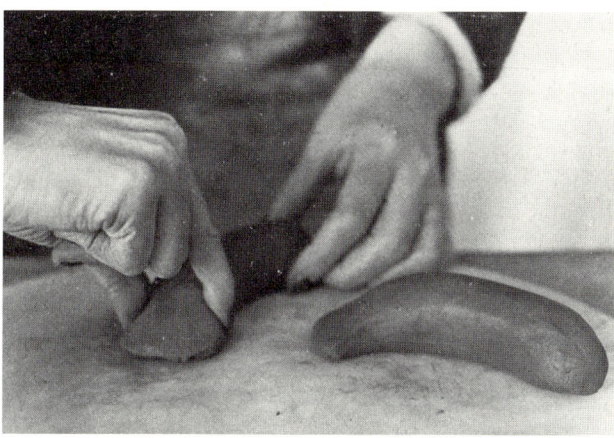

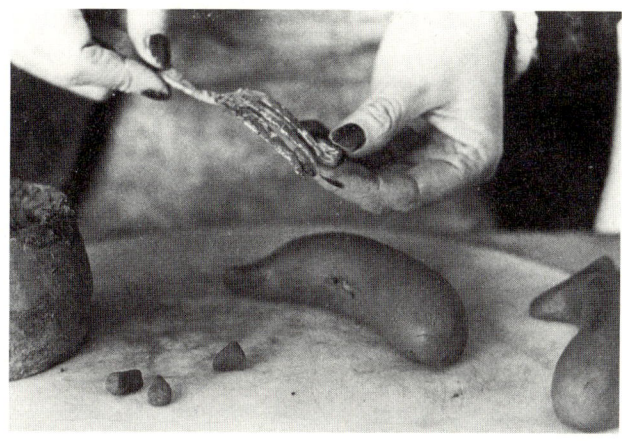

Zwei kleine Dreiecke,
rechts und links an die
Körpermitte geschlik-
kert, sollen die Seiten-
flossen sein. Gut ver-
streichen, bis man
keine Ansätze mehr
erkennt.

Zwei kleine Kugeln
drückst Du mit dem Fin-
ger sehr flach. Diese
Stückchen schlickerst
Du rechts und links am
Kopfende als Kiemen
an. Du verstreichst sie
nur zur Kopfspitze hin,
so daß kein Ansatz von
vorn zu sehen ist. Von
hinten muß der Ansatz
zu sehen sein, damit
sich die Kiemen vom
Körper abheben.

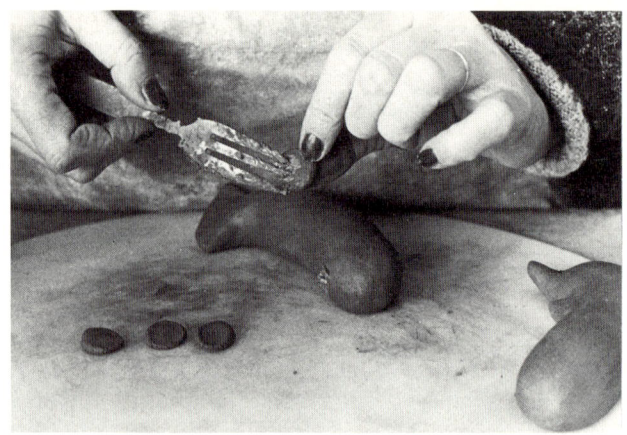

Eine dünne, etwa 6 cm
lange Schlange schlik-
kerst Du auf den
Rücken. Das wird die
Rückenflosse. Sorg-
fältig verstreichen,
Ansätze sind nicht
erwünscht.

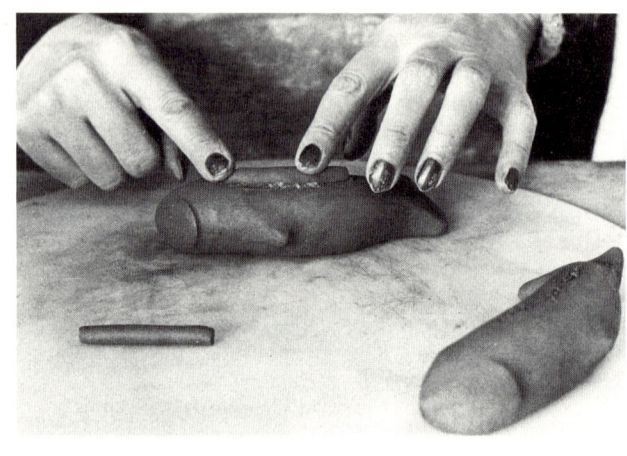

Ein kleines, flach-
gedrücktes Kügelchen
wird zum Maul. Das
schlickerst Du direkt
vorne an.

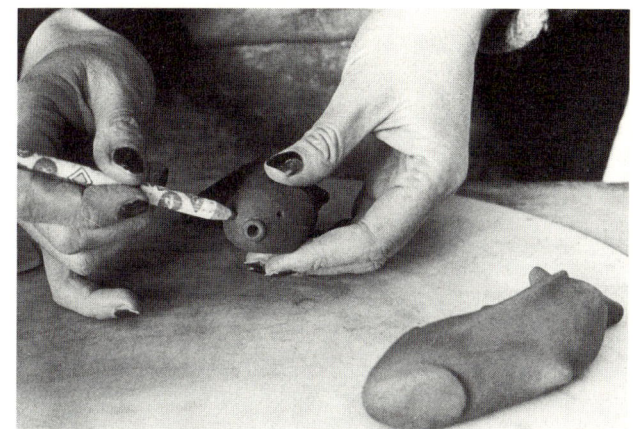

Mit der Bleistiftspitze
drückst Du ein Loch
mitten in das Maul.
Rechts und links dar-
über sollten die Augen
ihren Platz erhalten.

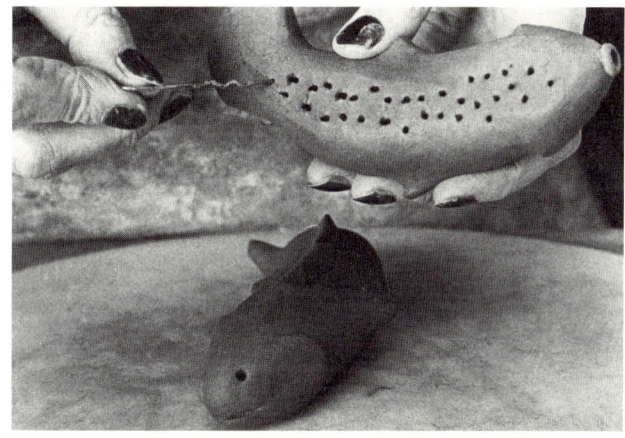

Eine große Haarnadel
brauchst Du zum
Löchern. Lieber etwas
mehr löchern als zu
wenig, so kann der
Fisch beim Brennen be-
stimmt nicht platzen.

Die Fische sind fertig
und können trocknen.
Ich habe meine Fische
nur schwarz glasiert.
Ich könnte mir aber
auch Blau oder Grün
vorstellen.

43

Mit etwas Geduld

Der große Igel

Alle Tiere sind hier aus
der Hohlform (Seite 6
und 7) gearbeitet.
Mach Dir aus gut zwei
Handvoll Ton eine Hohl-
form. Vorsichtig in
Form rollen und eine
Standfläche einklopfen.
Ein Loch unten hinein-
stechen, damit die Luft
beim Brennen ent-
weichen kann.

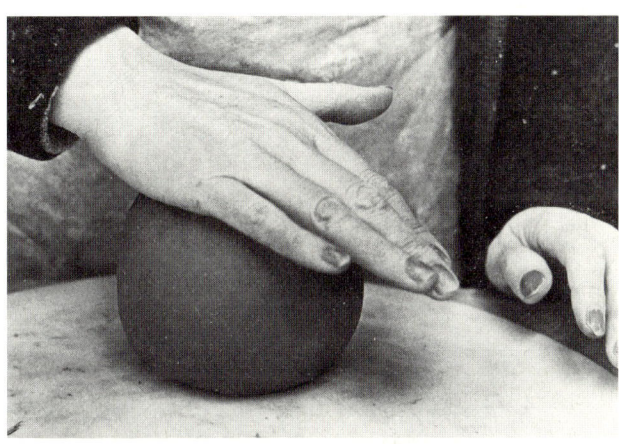

Mit dem Daumen
drückst Du nach vorn
eine Spitze ein, die ein
wenig nach oben ragt,
für das Schnäuzchen.
Ganz vorsichtig und
sorgfältig glätten. Zwei
kleine Kugeln und zwei
Kügelchen brauchst Du
für Ohren und Augen.

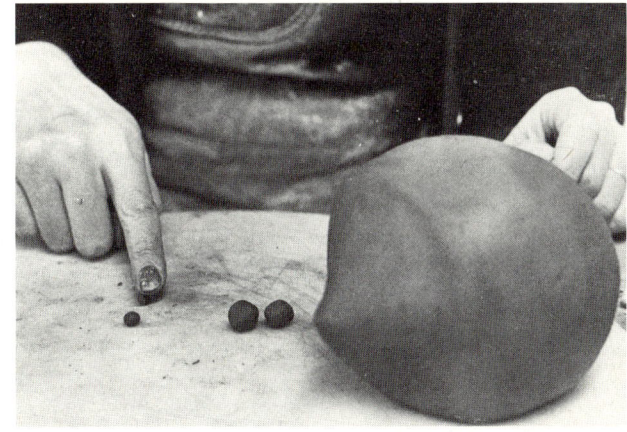

Die kleinen Kugeln für die Ohren drückst Du flach und schlickerst sie rechts und links oberhalb des Schnäuzchens an. Die Ansätze nach unten gut verstreichen.

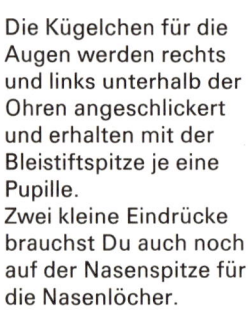

Die Kügelchen für die Augen werden rechts und links unterhalb der Ohren angeschlickert und erhalten mit der Bleistiftspitze je eine Pupille.
Zwei kleine Eindrücke brauchst Du auch noch auf der Nasenspitze für die Nasenlöcher.

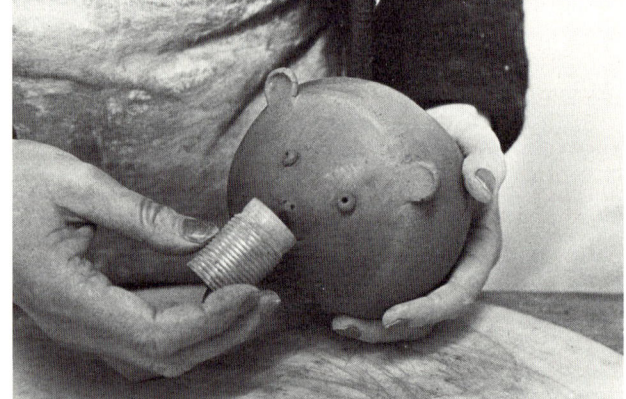

Unterhalb der Nase drückst Du mit einem Röhrchen einen Halbkreis als Mundöffnung ein.
Das Gesichtchen ist fertig.

Nun mußt Du unendlich
viele Stacheln ausrollen.
Sie sollten 1,5 bis
2 cm lang und an einem
Ende spitz zugerollt
sein.
Das andere Ende bleibt
stumpf, damit wird der
Stachel an den Körper
geschlickert.

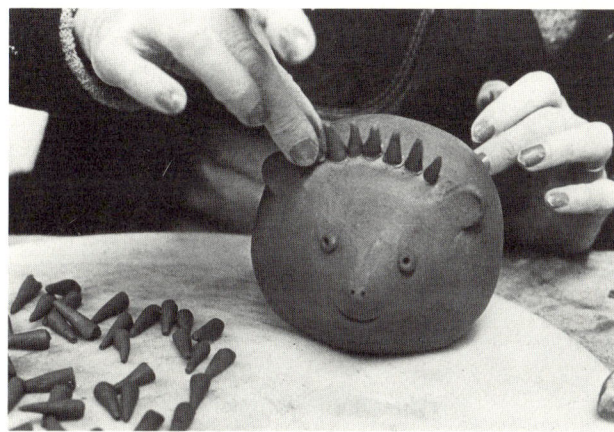

Für die erste Stachel-
reihe, sie sitzt auf
Ohrenhöhe im Halb-
kreis um das Gesicht
herum, habe ich die kür-
zeren (ca. 1,5 cm
langen) Stacheln ge-
nommen. Dicht an dicht
werden sie aufgeschlik-
kert. Du brauchst etwa
30 Stück dafür und viel
Geduld.

Für die zweite Reihe
nimmst Du die längeren
(ca. 2 cm langen)
Stacheln. Stück für
Stück werden sie genau
in die Lücke gesetzt
(das Schlickern nicht
vergessen!). So machst
Du es auch mit der
dritten Reihe usw., bis
kein Fleckchen mehr
ohne Stacheln ist. Dann
sehr sparsam glasieren
(nur Stachelspitzen,
Ohren, Augen und
Näschen).

Ein Sparschwein

Mach Dir eine ziemlich
große Hohlform und
drücke sie ein wenig
flach. Mit dem Teig-
schaber entsteht eine
glatte Oberfläche (siehe
auch Seite 6 und 7).

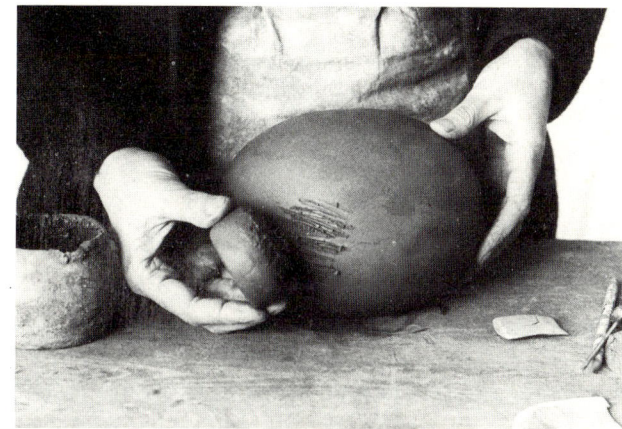

Eine kleine Kugel, flach
gedrückt, wird unter
leichtem Druck vorn
angeschlickert. So
entsteht die Nase.

Mit dem Finger ver-
streichst Du den Ansatz
sehr sorgfältig.

Siehst Du, wie sorg-
fältig ich die Nase
verstrichen habe?
Sie wächst aus der
Kugelform heraus.
Nasenlöcher formst Du
mit dem Holzlöffelstiel.

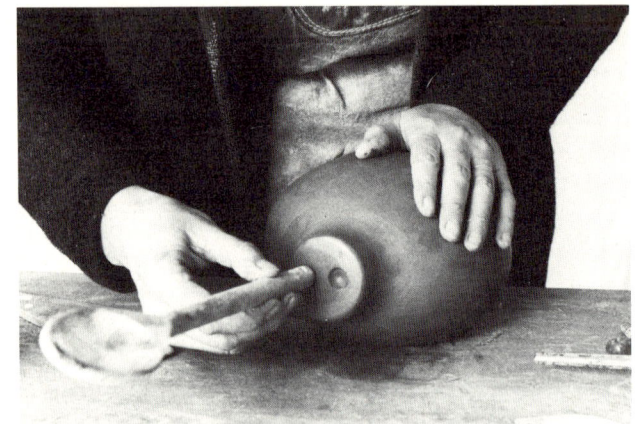

Für den Schwanz rollst
Du eine ungefähr 15 cm
lange fingerdicke Ton-
schlange, deren eines
Ende spitz zuläuft. Das
andere Ende drückst Du
ein wenig flach.
Die Schwanzspitze
drehst Du über Deinen
Zeigefinger auf und
schlickerst sie hinten
am flach gedrückten
Ende an.

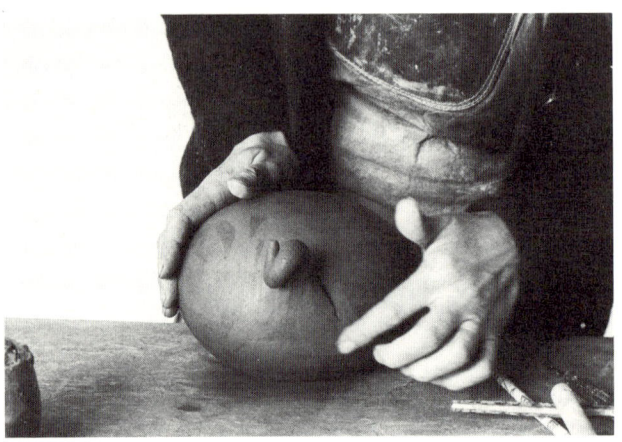

Gut verstreichen.

Roll mit der Kuchenrolle Ton aus. Schneide daraus mit dem Küchenmesser zwei Streifen, etwa 10 cm lang und etwa 8 cm breit. Runde die Ecken einer langen Seite mit dem Messer ab. Rechts und links oberhalb der Nase werden diese Stücke nun als Ohren angeschlikkert. Ansatzstellen gut verstreichen.

Mit einem spitzen Küchenmesser schneidest Du oben in den Rücken einen Schlitz, etwa 5 cm lang und etwa ½ cm breit. In die Körperunterseite kannst Du ein Loch für einen Korken (im Haushaltswarengeschäft erhältlich) schneiden. Der verschiedenen Korkengrößen wegen: zuerst den Korken kaufen.

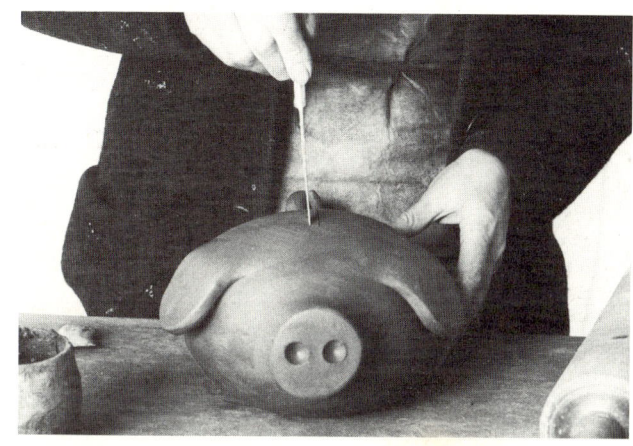

Mit dem Bleistiftende werden die Augen modelliert.
Ich wünsche Dir, daß Dein Sparschwein immer ganz voll ist!

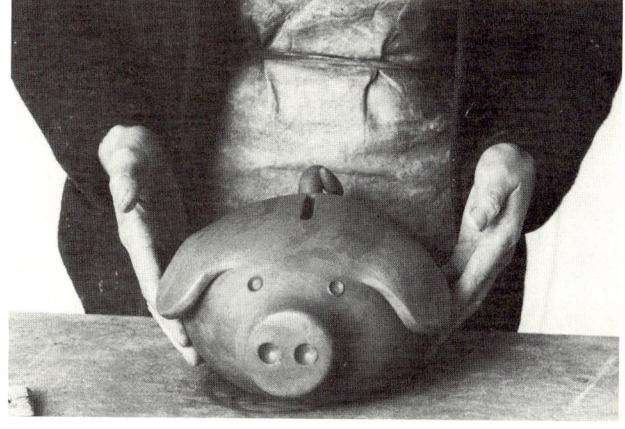

Ein Elefant

Eine große Hohlform
(siehe Seite 6 und 7)
bildet den Elefanten-
körper (ungefähr 13 cm
Durchmesser). Mit den
Händen drückst Du die
Hohlform rechts und
links leicht zusammen
und erhältst so eine
ovale Kugelform. Eine
Standfläche wird vor-
sichtig flach geklopft.
Du stichst ein kleines
Loch unten hinein, da-
mit die Luft beim Bren-
nen entweichen kann.
Eine dicke Tonrolle
(etwa 3 ½ cm Durch-
messer), etwa 20 cm
lang, teilst Du in vier
gleiche Teile.

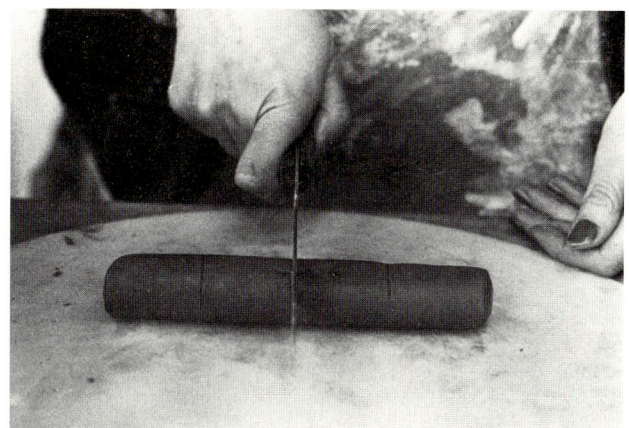

Die Standfläche der
Hohlform schlickerst
Du kräftig an.
Die vier Teile der Ton-
rolle werden als Beine
nebeneinander auf die
Standfläche geschlik-
kert. Die Ansätze mußt
Du gut verstreichen.

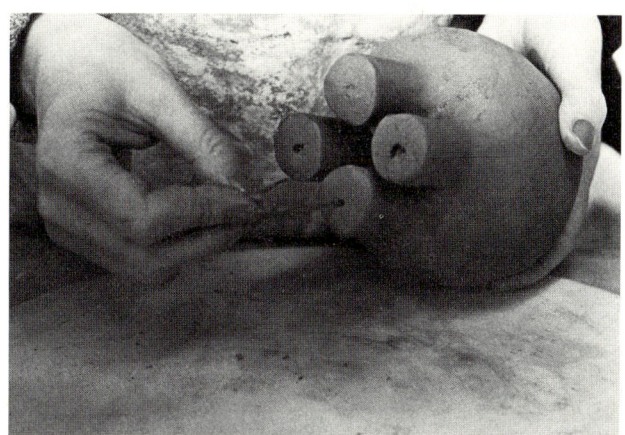

Mit einer dicken Haar-
nadel stichst Du tief in
die Beine hinein, damit
diese beim Brennen
nicht platzen.

Rolle Ton für die Ohren
aus. Du brauchst zwei
Kreise, etwa 1 cm stark
und etwa 6 cm im
Durchmesser. Ein Drit-
tel schneidest Du halb-
kreisförmig aus jedem
Kreis heraus. Die
Schnittflächen schlik-
kerst Du „satt" an und
setzt sie vorn rechts
und links mit leichtem
Druck an die ovale
Hohlform.

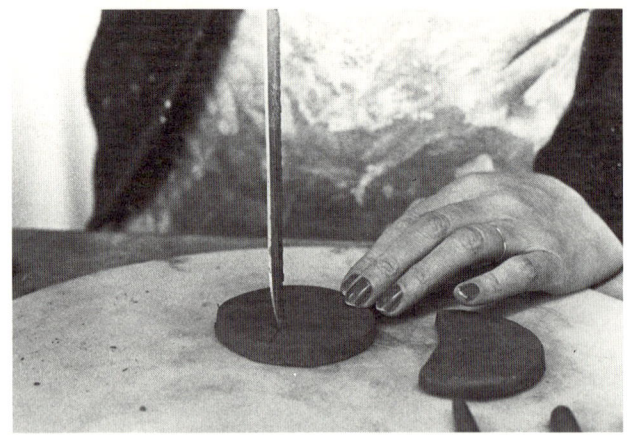

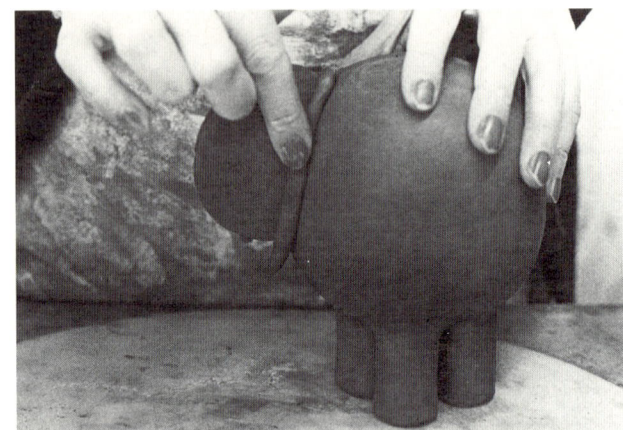

Mit einer kleinen Ton-
rolle verstreichst Du die
Ansätze sorgfältig und
glättest die Ohren mit
dem Finger.

Eine daumendicke Ton-
rolle brauchst Du für
den Rüssel (etwa 16 cm
lang). Ein Ende verjüngt
sich, das andere
drückst Du flach. Nun
schlickerst Du den
Rüssel vorne zwischen
den Ohren an und ver-
streichst den Ansatz
sorgfältig nach oben.

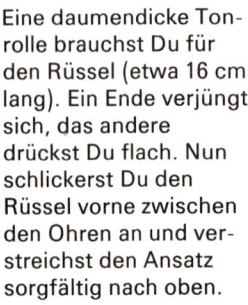

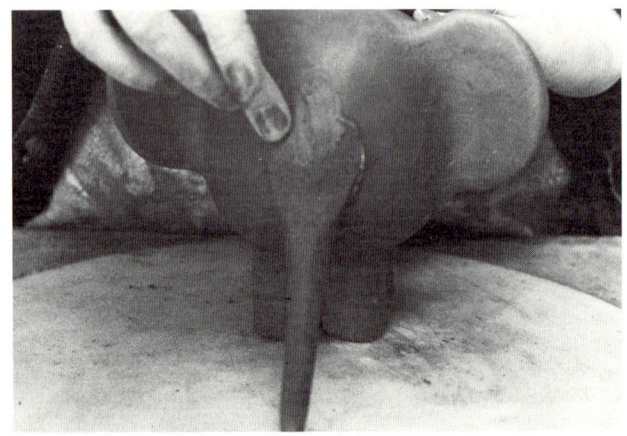

Zwei kleine Tonrollen für die Stoßzähne müssen etwa 3 cm lang sein und je an einem Ende spitz zugerollt werden. Das andere Ende drückst Du flach und schlickerst die Stoßzähne rechts und links neben dem Rüssel an. Auch hier die Ansätze sorgfältig nach oben verstreichen.

Der Schwanz wird aus einer 5 cm langen Tonrolle gearbeitet, die am einen Ende spitz zugerollt und am anderen Ende flach gedrückt ist. Er wird hinten an die Hohlform geschlickert. Den Ansatz nach oben verstreichen.

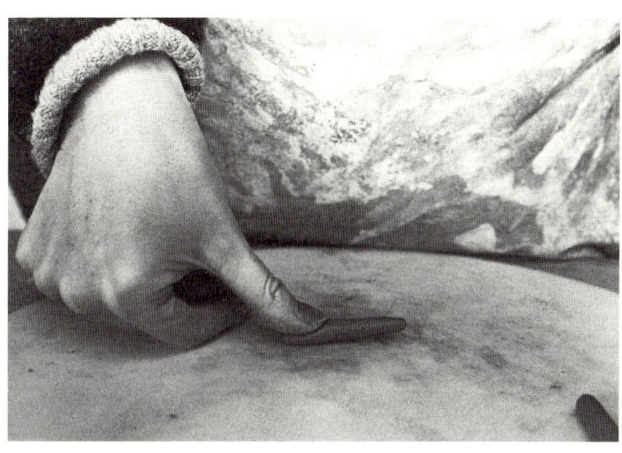

Mit der Bleistiftspitze modellierst Du die Äuglein und das Loch im Rüssel. Ein paar Augenfältchen, sternförmig zu den Ohren, geben Deinem Elefanten einen lustigen Ausdruck. Die Rüsselspitze biegst Du leicht nach oben.

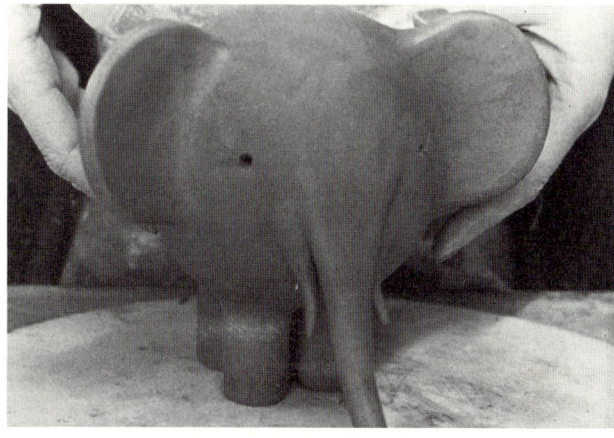

Mit dem Blick
für das Wesentliche

Die Katze

In diesem letzten Teil
des Buches geht es
ums Modellieren. Hier
kann ich Dir nur ein
paar Rahmentips ge-
ben. Es kommt darauf
an, die natürliche Form
so zu vereinfachen, daß
die typische Gestalt des
Tieres hervorgehoben
und sofort erkennbar
wird.
Eine dicke Tonrolle von
etwa 10 cm Durchmes-
ser und 20 cm Länge
wird in drei Teile geteilt.
Einen Teil schneidest
Du ab.
Den abgeschnittenen
Teil rollst Du zu einer
Kugel. Das wird der
Kopf.
Die 2/3-Rolle drückst
Du mit den Händen zu
einem Halbkreis.

Mit dem Handballen
drückst Du das eine
Ende (nur nach innen
zur Rundung) flach.

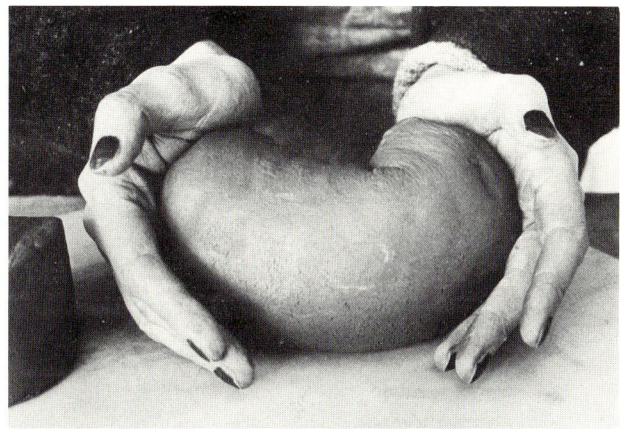

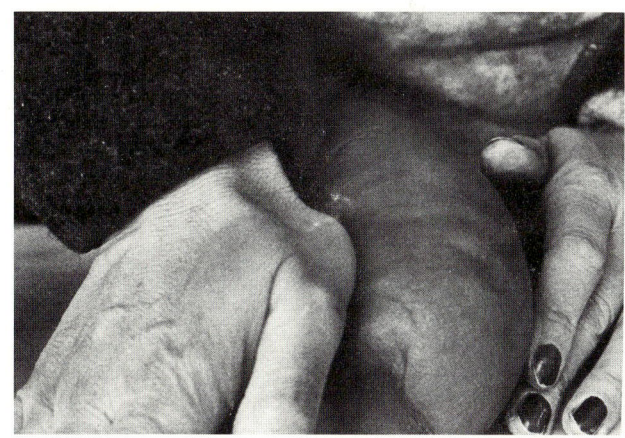

Diese flach gedrückte
Stelle rauhst Du auf und
bestreichst sie dann
kräftig mit Schlicker.
Die Kugel schlickerst
Du darauf und ver-
streichst die Ansätze so
sorgfältig, daß sie nicht
mehr sichtbar sind.

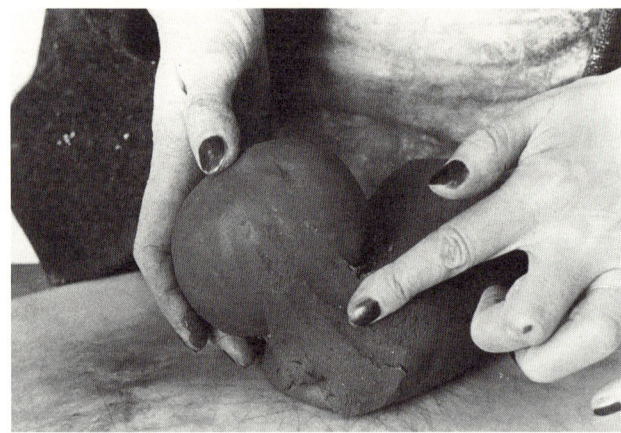

Du legst den Katzen-
körper in die linke Hand.
Mit dem rechten Dau-
men ziehst Du zwei
Öhrchen aus. Unter den
beiden Öhrchen vorn in
der Mitte des Kopfes
formst Du eine leichte
Spitze, die das
Schnäuzchen andeuten
soll. Alles gut ver-
streichen.

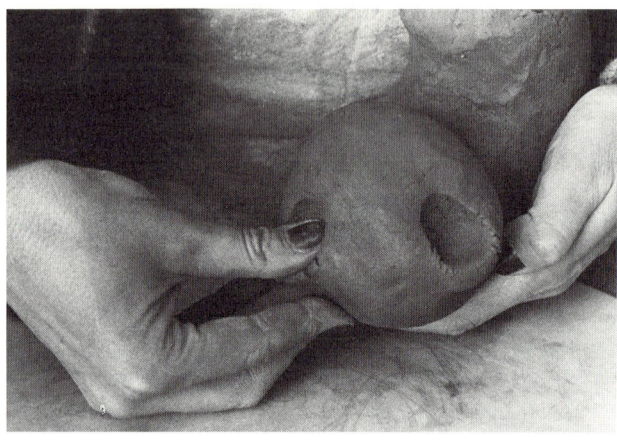

Eine kleine Tonrolle,
12 cm lang, daumen-
dick, wird zum
Schwanz.

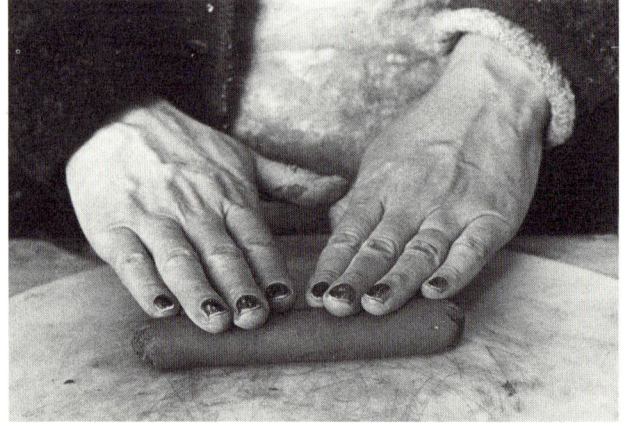

Diese Rolle schlickerst Du im Halbkreis auf den hinteren Teil des Katzenkörpers auf. Die Schwanzwurzel sitzt ziemlich tief, während die Spitze sich auf dem Rücken kringelt. Gut verstreichen, damit die Ansätze nicht sichtbar sind.

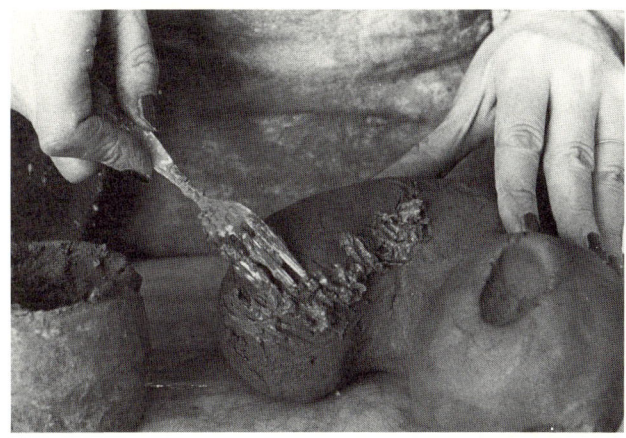

Die Form ist im Groben fertig. Nimm die Katze in die linke Hand und höhle mit einem Teelöffel die ganze Form von unten bis auf etwa 2 cm Wandungsstärke aus. Ein wenig verstreichen.

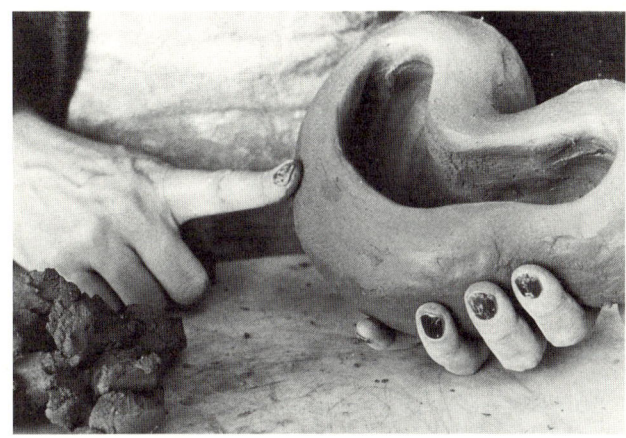

Nun legst Du das Kätzchen wieder auf den Arbeitstisch und glättest die Oberfläche mit Teigschaber und Finger. Fertig ist das kleine schlafende Kätzchen. Bei einer solchen Form solltest Du sparsam mit Glasur umgehen. Hier ist weniger mehr. Wie wäre es mit Schwarz?

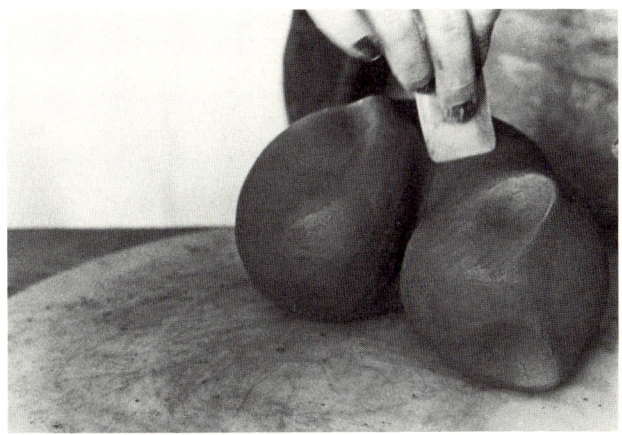

Der Bär

Für den Bären bereitest Du wie beim Kätzchen eine Rolle vor und drittelst sie. Das eine Drittel wird zur Kugel gerollt für den Kopf, den anderen Teil drückst Du etwas rund für den Körper, nicht ganz so stark wie beim Kätzchen.

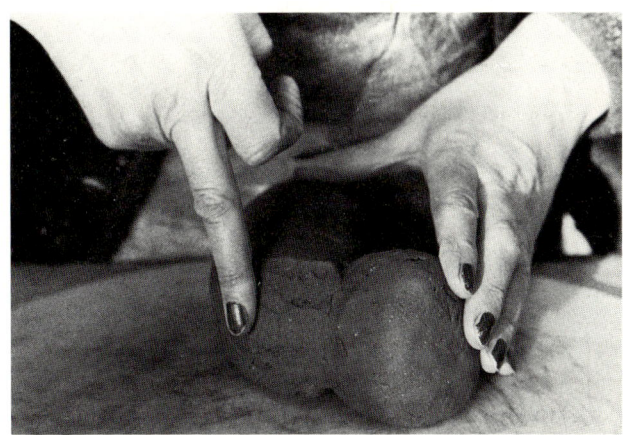

Im Gegensatz zum Kätzchen beläßt Du die Enden der Rolle so und schlickerst die Kugel als Kopf vorne an (zur inneren Rundung geneigt).

Die Ansätze so gut verstreichen, daß sie nicht mehr sichtbar sind.

Zwei Tonbröckchen,
viereckig, ein größeres
und ein kleineres, sind
für die Beine und
Tatzen gedacht.

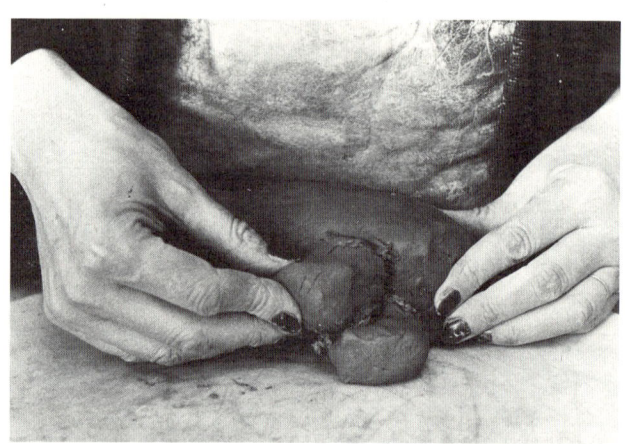

Ans hintere Ende des
Körpers schlickerst Du
(zur inneren Rundung
geneigt) beide Ton-
bröckchen an. Das
kleinere mehr hin zum
Schwanzende, das
größere darüber, etwa
1 cm mehr zur Mitte.
Mit Daumen und Zeige-
finger durch leichten
Druck die Tatze ans
Ende des Beines for-
men. Das Schwanzende
etwas spitz ausmodel-
lieren.

Eine 10 cm lange, dau-
mendicke Tonrolle
deutet die vorderen
Tatzen an. Du schlik-
kerst die Rolle in die in-
nere Rundung von un-
ten nach oben zwischen
Kopf und Beinchen.
Verstreichen.

Zwei kleine Tonrollen von 2 cm Länge werden die Öhrchen. Ans Kopfende rechts und links gut anschlickern und verstreichen. Im Gegensatz zu den spitzen Ohren des Kätzchens soll hier die Form größer und wie ein Halbkreis aussehen. Die Ohrenrundung mit dem Finger ein wenig von innen nach außen drücken.

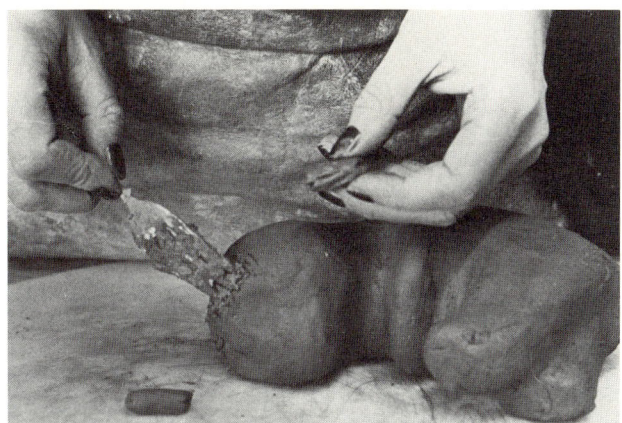

Du höhlst die Form nun (wie beim Kätzchen) sorgfältig mit dem Teelöffel aus. Jetzt mußt Du den Bären noch sorgfältig glätten. Beim Gesicht drückst Du mit dem Daumen unter die Ohren zwei Vertiefungen ein. So deutest Du die Augenhöhlen an. Auch hier würden bunte Glasuren von der einfachen Form ablenken, deshalb habe ich mein Bärchen nur schwarz glasiert.
Viele andere Formen sind noch zu erfinden. Wenn Du noch Fragen hast, so schreib' mir oder ruf' mich einfach an in (2305) Heikendorf.

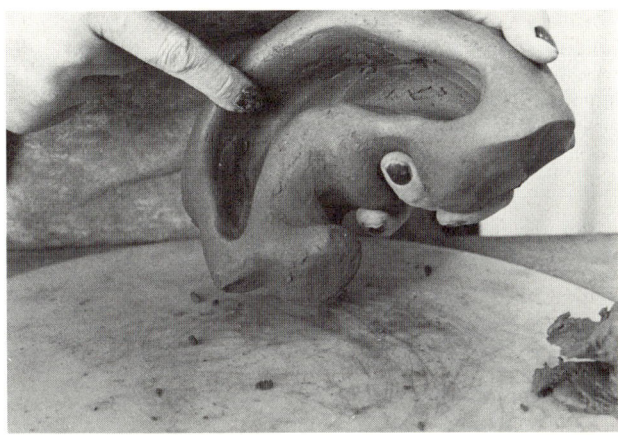

Es wünscht Dir viel Erfolg beim Modellieren von Tieren

Tina

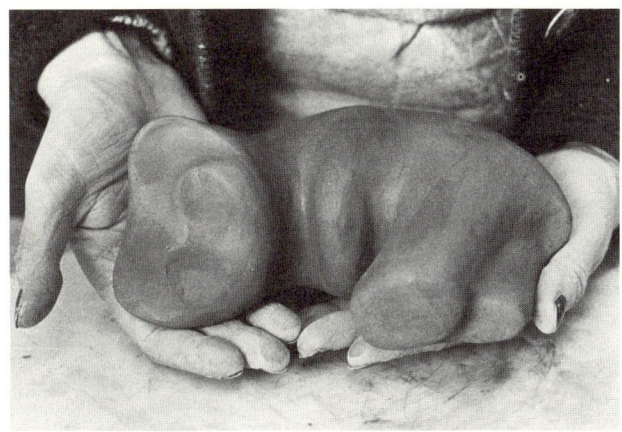